BEI GRIN MACHT SICH IHR WISSEN BEZAHLT

- Wir veröffentlichen Ihre Hausarbeit, Bachelor- und Masterarbeit

- Ihr eigenes eBook und Buch - weltweit in allen wichtigen Shops

- Verdienen Sie an jedem Verkauf

Jetzt bei www.GRIN.com hochladen und kostenlos publizieren

Bibliografische Information der Deutschen Nationalbibliothek:

Die Deutsche Bibliothek verzeichnet diese Publikation in der Deutschen National-
bibliografie; detaillierte bibliografische Daten sind im Internet über http://dnb.d-
nb.de/ abrufbar.

Impressum:

Copyright © 2018 GRIN Verlag
Druck und Bindung: Books on Demand GmbH, Norderstedt Germany
ISBN: 9783346003584

Dieses Buch bei GRIN:

https://www.grin.com/document/495240

Anonym

Katalonien-Krise. Eine Untersuchung der situativen Auswirkung Spaniens und Kataloniens bezüglich des Unabhängigkeitsreferendums

GRIN Verlag

GRIN - Your knowledge has value

Der GRIN Verlag publiziert seit 1998 wissenschaftliche Arbeiten von Studenten, Hochschullehrern und anderen Akademikern als eBook und gedrucktes Buch. Die Verlagswebsite www.grin.com ist die ideale Plattform zur Veröffentlichung von Hausarbeiten, Abschlussarbeiten, wissenschaftlichen Aufsätzen, Dissertationen und Fachbüchern.

Besuchen Sie uns im Internet:

http://www.grin.com/

http://www.facebook.com/grincom

http://www.twitter.com/grin_com

Eine Untersuchung der situativen Auswirkung Spaniens und Kataloniens bezüglich des Unabhängigkeitsreferendums

Katalonien-Krise

Inhaltsverzeichnis

1. Einleitung

Der Konflikt zwischen Katalonien und die Zentralregierung spitzen sich weiter zu. Die Spannungen zwischen beiden Nationen werden auf ein hohes Maß zugespitzt. Die Regionalregierung hat sich trotz massiver Widerstände für eine Abspaltung Kataloniens entschieden. Trotz allem hat sich der Konflikt mit der Zentralregierung Spanien verschärft. Katalonien reichte der autonome Status nicht mehr aus und strebten daher eine Volksabstimmung zur Unabhängigkeit. Trotz eines Verbots, hat die katalanische Regierung das Unabhängigkeitsreferendum für den 01. Oktober vergangenen Jahres angesetzt. Spanien besitzt viele entschlossene separatistische Bestrebungen einzelner Landesteile, darunter Katalonien[1]. Schon vor Jahrhunderte zählte die polarisierte katalanische Fragen, zu eines der schwersten innenpolitischen Problemen Spaniens. Heutzutage stellt die katalanische Frage ein großes innenpolitisches Problem für den spanischen Zentralstaat dar. Die Katalanen verhielten sich autonomistisch, da viele soziale Schichten wie zum Beispiel die Großbürgerlicher Einwohner aufgrund wirtschaftlicher Überlegungen Teil des spanischen Gesamtstaates bleiben wollten. Katalonien erfährt zurzeit eine einmalige sozialpolitische, Transformation. Im vergangenen Jahr wurde am 1. Oktober 2017 von der Regionalregierung Kataloniens, ein umstrittenes Referendum über die Unabhängigkeit Kataloniens abgehalten. Nach der ohne Ergebnis gebliebenen Volksbefragung von 2014, verfolgte die katalanische Regionalregierung zum zweiten Mal ein Unabhängigkeitsreferendum, was im späteren Verlauf der Hausarbeit thematisiert wird. Daher werden die Auswirkungen der katalanischen Unabhängigkeitsbewegung in der Hausarbeit vorgestellt. Durch ein Überfluss an Literatur wird ein kurzer Überblick über den historischen Hintergrund beider Nationen gegeben[2]. Daran anknüpfend wird die Bestrebung Kataloniens im Unabhängigkeitsreferendum genannt, wobei im Anschluss zusätzlich die Auswirkungen auf viele Aspekte analysiert und überprüft werden. Die Hausarbeit beschäftigt sich mit dem Schwerpunkt von Kataloniens Separationsbewegung und deren Auswirkungen. Der Schwerpunkt liegt auf dem Zeitraum von 1700 bis zur heutigen Gegenwart. Dies liegt daran, da die separatistische Bewegung viele Jahrhunderte zurückgeht. Dies läuft auf den historischen Hintergrund von Katalonien und Spaniens hinaus. Zudem werden durch vermehrte Sekundär und Primärquellen untersucht, inwiefern Kataloniens Selbstbestimmung dargestellt wird[3]. Das Streben nach Unabhängigkeit in der katalanischen Gesellschaft ist seit dem spanischen Erbfolgekrieg zu einem präsenten Thema geworden. Diese Situation bietet innerhalb gesellschaftlichen Kreisen einen Anstoß für Reflexionen und Meinungsbildungen. Daher ist der

---

[1] Der Speartimus beschreibt Kataloniens momentane Lage. Es beschreibt das Streben, sich von einer politischen, religiösen oder ähnlichen Gruppe zu trennen und eine eigenständige Gruppierung zu bilden.

[2] Wendland, Kirsten: Spanien auf dem Weg zum Bundesstaat?. Entstehung und Entwicklung der Autonomen Gemeinschaften. Nomos-Verl.-Ges, Baden-Baden 1998, S. 122-129.

[3] Maaß, Gero: Katalonien Von der Unabhängigkeitsillusion zur Zwangsverwaltung. Ifo Schnelldienst, München 2017.

aktuelle Forschungsstand zu der problemorientierten Forschungsfrage weitreichend, da unter anderem viele Hausarbeiten[4] einen Überblick über Kataloniens Krise liefern. Diese Hausarbeit thematisiert, inwiefern Katalonien versucht ihre Interessen in einer demokratischen Neuwahl durchzusetzen. Auch um die Neuwahlen des Parlaments in Bewegung zu bringen.

1.1 Problemfragestellung

In der Hausarbeit werden die Auswirkungen des Unabhängigkeitsreferendums von 2017 in Katalonien und die Auswirkungen auf die gesellschaftlich-wirtschaftliche und politische Situation bezüglich der Abspaltung Spaniens untersucht. Diese Forschungsfrage ist zunehmend bedeutsam, da die vielseitige Literaturen die Relevanz zu diesem Thema darstellen und im Laufe der Hausarbeit diese in Bezug gesetzt werden. Deswegen wird die Forschungsfrage „Inwieweit beeinflusst das Unabhängigkeitsreferendum Spaniens politisch-ökonomisch und gesellschaftlichen Situationen in Bezug auf den Zusammenhalt?" in der Hausarbeit beantwortet. In der Hausarbeit soll beantwortet werden wie sich die Trennung der Katalanen auf Spanien auswirkt. Des weiteren, welche Schäden das Unabhängigkeitsreferendum in Spanien und Katalonien hinterlässt.

1.2 Zielsetzung

Das primäre Ziel der Forschung ist es, herauszufinden inwieweit die aktuelle Situation der politischen Lage, die durch die Berücksichtigung vielseitiger Aspekte beeinflusst wird. Außerdem wird Kataloniens Vorgeschichte, sowie deren Bestrebung näher erläutert. Beim historischen Kontext soll die Verbundenheit beider Nationen und ihr Verhältnis unter einem Sachzusammenhang gebracht werden. Bei der autonomen Gemeinschaft Spaniens und des Unabhängigkeitsreferendums soll die Bedeutung näher dargestellt werden, um mögliche Konsequenzen der Region Kataloniens aufzuweisen.

1.3 Motivation

Das Verhältnis der Katalanen zu Spanien und die Auswirkungen einer möglichen Trennung haben ein vermehrtes Interesse geweckt, das umfangreiche Forschungsfeld zu durchforschen. Zusätzlich, da die Abspaltung durch die Abstimmungsprozesse Gesichtspunkte in Gang gesetzt oder Verhaltensänderungen bewirkt hat. Dies zeigt sich an die Touristische, soziale und politische Aspekte. Die aktuelle politische Krise in Spanien ist ein spannendes Forschungsfeld, zumal die Vermutung besteht, dass es in der nahen Zukunft vermehrt zu ähnlichen Vorfällen kommen könnte. Auch Europa muss sich mit den anderen politischen Krisen auseinandersetzen. Dies wird

---

[4]Ubben, Eike: Separatismus in der Europäischen Union am Beispiel von Schottland oder Katalonien. Technische Universität Carolo-Wilhelmina, Braunschweig 2013.

vor allem aus dem EU-Austritt des Vereinigten Königreich bemerkbar. Die politischen Ereignisse sind ein wesentlicher Bildungsaspekt. Die Untersuchung eines derartigen politischen Forschungsfeldes ist spannend, da es ein sehr aktuelles Thema ist. Des weiteren wie die Mitbürger Spaniens mit solch einer kritischen Situation umgehen, hat Interesse geweckt. Ebenso wie die spanischen Mitbürger ihr Verhalten und ihren politischen Raum nach der Abspaltung modifizieren, sind von großer Bedeutung. Deshalb ist es auch ein umfangreiches Forschungsgebiet, da die Vermutung besteht, dass die Situation eskalieren könnte und es zu irreparablen Schäden in Spanien kommen könnte.

2. Autonomische Gemeinschaften Spaniens

Zuvor wurde in der Einleitung der Hausarbeit die aktuelle Situation in Katalonien signifikant. Hierbei werden die autonomen Gemeinschaften beschrieben, welches ermöglicht den Hintergrund zu schildern.

Die Autonomen Gemeinschaften Spaniens werden als die 17 Gebietskörperschaften von der Region Spaniens bezeichnet. 1978 wurde im Artikel 2 der spanischen Verfassung festgestellt, dass die spanische Provinz aus „Nationalitäten und Regionen" zusammengesetzt ist. Damit verbunden, wurden durch ein Autonomiestatuts den autonomen Gemeinschaften Befähigungen in Gesetzgebung und Vollzug zugesichert. Von Gemeinschaft zu Gemeinschaft ist es unterschiedlich, welche Rechte diese Statuten jeweils bestätigen[5]. Die spanische Provinz gliedert sich in 17 autonome Gemeinschaften zuzüglich der zwei autonomen Städte Ceuta und Melilla. Diese autonomen Städte sind in 50 Provinzen untergliedert.

2.1 Entstehung

Spaniens Einteilung in autonome Gemeinschaften gründete sich auf der spanischen Verfassung von 1978 (Artikel 2). Diese Verfassung garantierte viele Provinzen ihre Autonomie. Durch den Artikel 143 wird die Entstehung der autonomen Gemeinschaften ermöglicht. Die Provinzen sind schon lange ein Bestandteil Spaniens. Diese wurden als historische Grundlage für die Spaltung des spanischen Staatsgebietes in autonome Teilgebiete betrachtet[6]. Eine einzige Provinz wird von sieben der entstehenden Autonomen umfasst.

---

[5] vgl. Wendland, Kirsten: Spanien auf dem Weg zum Bundesstaat?. Entstehung und Entwicklung der Autonomen Gemeinschaften. Nomos-Verl.-Ges, Baden-Baden 1998, S. 122-129.
[6] Wendland, Kirsten: Spanien auf dem Weg zum Bundesstaat?. Entstehung und Entwicklung der Autonomen Gemeinschaften. Nomos-Verl.-Ges, Baden-Baden 1998, S. 122-129.

2.2 Kataloniens Autonome Provinz

Katalonien gilt als eine historische autonome Gemeinschaft aufgrund historischer Eigenschaften. Im Laufe der wissenschaftlichen Hausarbeit wird im Kapitel 4 die Bedeutsamkeit Kataloniens als ein Gebietskörperschaft genauer untersucht.

3. Unabhängigkeitsreferendum 2017 in Katalonien

Am 01.10.2017 wurde von der Zentralregierung Katalonien das Referendum über die Unabhängigkeit Kataloniens durchgeführt. Jedoch befindet sich die Situation im Zwiespalt mit Spanien. Die spanische Regierung fordert keine Abspaltung. Sie fordern, dass die spanische Provinz ein Teil der autonomen Gemeinschaft Spaniens bleibt.

3.1 Historischer Hintergrund beider Nationen

Die spanische Regierung verhindert Kataloniens Interessen durchzusetzen. Doch dieser zwanghafter Versuch hat weitgehende historische Wurzeln. Dies wird hier im historischen Hintergrund Kataloniens untersucht.

Der Drang der Eigenständigkeit Kataloniens, zeichnete sich schon in den historischen Ereignis zwischen Katalonien und Spanien aus. Mehrere Jahrhunderte zurück wurde Katalonien von den Griechen besiedelt. Katalonien war ein Teil des Römischen Reiches bis nach der Eroberung durch die Westgoten ab 507 n. Chr. Danach wurde im Jahre 711 Katalonien von den Arabern erobert. Zum Zeitpunkt im Jahre 759 war Katalonien christlich. Im Jahre 1137 gingen die katalanischen Grafschaften in einer Verbindung mit der Krone von Aragon auf. Im Folgenden wurde im späteren 13. Jahrhundert die Institutionen der katalanischen Selbstverwaltung („Generalidad de Catalunya") gegründet. Folglich wurden die katalanischen Institutionen und die Selbstverwaltung nach der Eroberung von Barcelona durch den Bourbonen-König aufgelöst und beendet. Zusätzlich haben die Katalanen an die Abschaffung ihrer autonomen Rechte gebettet. Dies gelingt durch die Abdankung von Amadeo I im Jahre 1873. Darauffolgend wurde die erste gegründete spanische Republik in die Öffentlichkeit verkündet. Die Republik besteht aus separatistische Anhänger. Somit kann jeder Anhänger ihre Idee einer zentralistischen Republik oder eines föderales System verfolgen. Katalonien versuchte durch mehrere Versuche einen Staat innerhalb der spanischen Republik zu gründen, jedoch wurden die Auseinandersetzungen unter den Republikanern weiter verschärft. Nachdem Ende der Diktatur erstreiten Politiker Autonomie Rechte für Katalonien. Francesc Macià wurde später zum katalanischen Parlament zum Präsidenten der „Generalidad de Catalunya"[7] gewählt. Darauffolgenden wurde das Franco Regime gegründet, welches erhebliche Vorteile für Katalonien mitzieht. Es gelang Katalonien die Aufhebung von demokratischen Freiheiten. Katalonien konnte die Abschaffung des

---

[7] Die Generalitat de Catalunya ist die allgemeinheit der politischen Einrichtungen, die im Rahmen des Autonomiestatuts die Selbstverwaltung der spanischen Autonomen Gemeinschaft Katalonien ausübt.

Autonomiestatuts sowie die Unterdrückung der katalanischen Sprache und Kultur zu ihrem eigenen Interesse verwirklichen. 1979 erhält Katalonien aufgrund der demokratischen spanischen Verfassung ein neues Autonomiestatuts. Auf Grundlage das Franco-Regime wird die Unabhängigkeit Kataloniens und das Katalanische als eigene Sprache anerkannt. Das Bestreben der Katalanen wurde in den vergangenen Jahren massiv verbessert und erweitert. Katalonien erhält somit ein neues Autonomiestatuts mit erweiterten Kompetenzen. Jedoch wurde nach eine Klage der konservativen Partei „PP" dieser Autonomiestatuts vom obersten Verfassungsgericht zurückgenommen. Kataloniens Unabhängigkeitsreferendum wurde am 9. November 2014 vorgesehen. Die Abstimmung wurde vom obersten Verfassungsgericht zurückgenommen. Der katalanische Regierungschef hat das Unabhängigkeitsreferendum am 1. Oktober. 2017 ausgerufen. Das Referendum wurde von der Spaniens Ministerpräsidenten Mariano Rajoy als verfassungswidrig abgelehnt.[8]

Zusammenfassend wird deutlich, dass Katalonien bis zur Heirat von Ferdinand II. mit Isabella I. ein eigenständiger Staat war. Im Französisch-Spanischen Krieg, versuchte Katalonien unabhängig zu werden, befähigten dies nicht im Gegensatz zu Portugal. Im Spanischen Erbfolgekrieg versuchte Katalonien erneut unabhängig zu werden, wurden wieder jedoch besiegt. Folglich wurde die katalanische Sprache und Kultur verboten. Unter Napoleon war Katalonien Teil des französischen Reiches. In der zweiten Republik hatte Katalonien individuelle Selbstbestimmungsrechte, unter Franco wurden Sprache und Kultur wieder unterprivilegiert. Erst seit 1977 bekommt Katalonien wieder individuelle Autonomierechte. Hierbei wird zum Abschluss deutlich, dass Katalonien kein nebensächliches Gebiet in Spanien, dass durch eigene Interesse nicht mehr dazugehören will (Mense 2014: 233).

3.2 Kataloniens Bestrebung

Zuvor wurde im historischen Hintergrund auf Kataloniens Bestrebung eingeleitet. Im folgenden Kapitel wird dies ersichtlicher. Das Bestreben vieler Katalanen nach der Unabhängigkeit hat weitreichende historische Wurzeln. Diese wurde im historischen Hintergrund näher dargestellt. Katalonien hat bewusste Beweggründe sich von Spanien abspalten. Aus Justiz gründen gibt es rechtlich keine Bewegungsgründe das eine Separation entsteht. Trotz allem, versucht Katalonien ihre Interessen durchzusetzen. Die katalanischen Bürger halten sich für ein eigenes Volk, welches von Spanien unterdrückt sei. Zusätzlich spielt Katalonien als das wirtschaftliche Zentrum in Spanien eine wichtige Rolle. Die Katalanischen Nationalisten nehmen an, dass sie eine wirtschaftsstarke Region sind und die Spanier deren Kosten zu deren eigenen Nutzen optimieren.

---

[8] vgl. Mense, Thorsten: Nationalismus als Ideologie ethnischer Identifikation. peripherer Nationalismus und nationale Befreiungsbewegungen in Spanien. Leibniz Universität Hannover 2014, S. 232-233.

Dies ist auch der Grund weshalb Katalonien, die ein Fünftel der spanischen Wirtschaftsleistung erzielen, separatistische Bewegungsgründe haben. Katalanische Mitbürger sind der Ansicht, dass es in den Regionen ohne Unterstützungszahlungen an einkommensschwache Gebiete Spaniens noch besser ginge. Der zweite und auf den ersten Blick stärkere Bestimmungsgrund ist die Sprache. Die Sprache gewinnt ihre Bedeutung als Element nationaler Identität, wenn sich Katalonien abspaltet. Die Ursachen für den wachsenden Nationalismus besteht aus regional spezifischen historischen Hintergründen. Diese werden oftmals durch politische Spannungen zwischen den regionalen Administrationen und den Zentralregierungen verstärkt. Dies lässt sich anhand der momentanen Situation in Katalonien verdeutlichen, deren möglicherweise Unabhängigkeit in der vergangenen Zeit verstärkt wurde und in den Mittelpunkt des öffentlichen Interesses gerückt ist. Die Region Katalonien verfügt bereits über einen quasi autonomen Status innerhalb Spaniens[9]. Die katalanische Regierung verfügt aus diesem Grund über weitreichende politische Verfügungsrechte und kann regionale Gesetzgebung in vielen Bereichen selbst bestimmen. Dies ist ein weiterer Beweggrund von Katalonien. Die Angehörigkeit zum spanischen Regionalstaat ist auch momentan eine schwere Akzeptierung. Diese ist vor allem in der historisch über die Jahrhunderte individuellen politischen und ökonomischen Weiterentwicklung des Gebiets begründet (Stoffels 2017: 97 ff.). Es gibts historische, sprachliche und kulturelle Unterschiede. Während der Franco-Diktatur wurde das Katalanische jedoch unterdrückt. Unzählige Ortsnamen in der katalanischen Sprachverwendung wurden hispanisiert[10]. Zusätzlich wurden eigene Namen von Personen ins Spanische übersetzt. Der überwiegende Teil der Bevölkerung Kataloniens spricht im Alltag Katalanisch.

Abschließend wird deutlich, dass Katalonien ein eigener Staat war und wurde nur unter Zwang in Spanien eingegliedert. Dabei haben Katalonien und Spanien nicht einmal dieselbe Sprache.

3.3 Aktuelle Situation

Katalonien wurde wie in den vorherigen Kapiteln erwähnt, nur unter Zwang in Spanien eingegliedert. In diesem Kapitel wird die aktuelle momentane Lage Kataloniens und Spaniens untersucht.

Am 01. Oktober 2017 wurde ein umstrittenes vom spanischen Verfassungsgericht für verfassungswidriges Unabhängigkeitsreferendum ausgelöst. Diese politische Krise in Spanien bezeichnet die aktuelle Lage der katalanischen Krise. Die Regionalregierung von Puigdemont hat ein Gesetz über die Durchführung einer neuen Volksabstimmung am 6. September 2017 vom katalanischen Regionalparlament im Rahmen einer turbulenten Sitzung verabschiedet. 90 % von

---

[9] Stoffels, Markus: EU Mitgliedschaft und Abspaltung. Nomos Universitätsschriften - Recht, München 2017. (S. 93-98 ff.)
[10] Hispanisierung beschreibt sich an die Sprache, die Sitten, die Lebensweise der Spanier angleichen.

Befürwortern einer katalanischen Abspaltung sehen eine Abspaltung von Spanien ein. Nennenswert ist es auch, dass die Wahlbeteiligung bei über 40 % lag. Nur eine geringe Beteiligung einer Mehrheit der Teilnehmer hat sich für ein unabhängiges Katalonien zugewendet. 72 Abgeordneten der Regierungskoalition von Junts pel Sí und der CUP[11], stimmten für das Gesetz. Bei einer Wahlbeteiligung von 42,5 % habe es 2.020.144 (90,09 %) Ja-Stimmen, 176.565 (7,87 %) Nein-Stimmen, 45.568 (2,03 %) leere Stimmzettel und 20.129 (0,89 %) ungültige Stimmen gegeben[12]. Jedoch wurden laut Gesetz, ungültige Stimmen erzielt, die bei der Berechnung der Anteile von dem Stimmzettel nicht berücksichtigt wurden (Maaß et al. 2017: 16). Die spätere Ergebnismitteilung am 06. Oktober hatte keine Unterschiede. Nach unzähligen Versuchen, die scheiterten, wurde am Dezember 2017 eine Neuwahl angekündigt, da diese von der spanischen Regierung abgesetzt wurde. Bei der Neuwahl der Regionalparlamente gewinnen die Separatisten die Mehrheit, büßen aber Sitze ein. Bei den Wahlen erlangten separatistische Parteien erneut eine knappe absolute Mehrheit im Parlament, konnten aber Puigdemont oder andere separatistische Kandidaten nicht als katalanischen Ministerpräsidenten durchsetzen. 52 Prozent der Katalanen sprechen sich für die Unabhängigkeit ihres Gebiets aus. Des weiteren, waren es vor fünf Jahren weniger als 17 Prozent des Gesamtanteils. Der damit verbundene Glaubwürdigkeitsverlust von bedeutsamen Akteure und Einrichtungen Spaniens haben zu ein positives Ergebnis der Unabhängigkeitsbewegung beigetragen. Die Befürworter der Wahl sind der Ansicht, dass Kationen das Anrecht auf eine eigene Nation und als eigenes Staatswesen hat. Es gibt keine neutralen Kriterien für die Bestimmung eines Kollektivs als Nation.

3.4 Völkerrecht

Wie in dem vorherigen Kapitel analysiert wurde, wird beschrieben das Katalonien versucht ihre eigenen Interesse durchzusetzen und ihre Selbstbestimmung hervor zu bringen. In diesem Vergleich beziehe ich mich auf den Artikel 155 der spanischen Verfassung und über das Völkerrecht Spaniens.

Meine Position in diesem Vergleich bezieht hierbei auf den Artikel 155 der spanischen Verfassung. Der Artikel 155 der spanischen Verfassung besagt, die Regionalregierungen eines Landes dazu verpflichtet sind, die Verfassung und auf die Interesse Spaniens zu achten. „Befolgt eine der 17 sogenannten autonomen Gemeinschaften dies nicht, dann ist die Zentralregierung zu erforderlichen Maßnahmen berechtigt", um laut Verfassungstext „die autonome Gemeinschaft zur zwingenden Erfüllung dieser Verpflichtungen anzuhalten". Auch durch die Positionierung vom

---

[11] Der CUP ist eine politische Partei in Spanien.
[12] vgl. Maaß, Gero: Katalonien Von der Unabhängigkeitsillusion zur Zwangsverwaltung. Ifo Schnelldienst, München 2017. (S. 15-18)

Autor Markus Stoffels[13] zeigt es aus seiner Perspektive eine Feindseligkeit zwischen Katalonien und Spanien. Der Konflikt und die Feindseligkeit zwischen Katalonien und Spanien ist gegeben da beide Nationen unterschiedliche Interessen und Meinungen Vertreten. Des weiteren da ihre Handlungspläne nicht zu einem optimalen Kompromiss führen. Die Zentralregierung versucht den Konflikt weiter zuzuspitzen und droht weiter zu eskalieren. Durch den zweiten Absatz des Artikel 155 wäre die Regierung in Madrid gegenüber landesweiten Einrichtungen der katalanischen Selbstverwaltung weisungsbefugt. Doch auch in diesem Fall werden die Völkerrechte von Katalonien missbraucht, auf die ich mich beziehen möchte.

Im Gegensatz zu das spanische Verfassungsgesetz hat Katalonien „Völkerrechte" die ihre Selbstbestimmung weiter unterstützen. Zuallererst muss man sich bewusst sein, was unter die Definition eines Volks fällt. Ein Volk ist auch überwiegend politisch als Rechtlich. Ein Volk ist eine durch dieselbe Geschichte, Sprache und Kultur verbundene Gemeinschaft von Menschen (die in einem politischen System zusammenleben).[14] Es stellt sich die Frage, ob das Völkerrecht nicht grundsätzlich dem Staatsrecht vorgeht. Wenn man Objektiv die Sezessionsbewegung Kataloniens betrachtet, haben die Katalanen als Volk das Recht, einen eigenen Staat auszurufen. Jedoch sind die an die spanische Verfassung gebunden. Die Katalanen sind an das spanische Recht gebunden. Die spanische Verfassung gilt weiterhin. Darüber hinaus hat die spanische Verfassung gesagt, dass das Land einheitlich und unteilbar ist (Maihold et al. 2017: 134). Wenn Katalonien jedoch sagt, sie sind unabhängig und würden ihr eigenes Recht bilden, wären die spanischen Mitbürger nicht mehr an das spanische Recht gebunden, obwohl die Verfassung diese aufgibt[15].

Somit lässt sich zusammenfassend sagen, nach der jeweils eigenen Definition betrachtet man sich auf der Welt gegenseitig gar nicht als Völker und man konnte sich auf ein einheitliches Verständnis noch nicht einigen. Deshalb zählt am Ende die Realität und nicht das Recht. Insofern betreibt die katalanische Regionalregierung permanenten Verfassungsbruch und verletzt eines der zentralen Rechtsstaatsprinzipien. Ein unabhängiges Weder die spanische Verfassung noch das Völkerrecht kennen ein „Recht auf Sezession". Die spanische Verfassung sieht eine Abspaltung einer autonomen Gemeinschaft nicht vor. Die Völkerrechte der internationalen Verträge sprechen vom Selbstbestimmungsrecht der Völker. Im Übrigen garantiert die Charta[16] der Vereinten Nationen kein allgemeines Recht auf Abspaltung. Nur im Extremsituation wäre dies einnehmbar.

---

[13] Stoffels, Markus: EU Mitgliedschaft und Abspaltung. Nomos Universitätsschriften - Recht, München 2017. (S. 52)
[14] vgl. Stoffels, Markus: EU Mitgliedschaft und Abspaltung. Nomos Universitätsschriften - Recht. 2017. (S. 74 ff.)
[15] Maihold, Günther: Eskalation und politische Optionen. Kataloniens Unabhängigkeit und Spaniens Einheit. (ohne Verlag). 2017, S. 134.
[16] Die Charta ist eine wichtige Urkunde im Staats und Völkerrecht.

Meiner Meinung nach und nach Abwägung beider Positionen sehe ich keine Extremsituation in Spanien, weil die Volksgruppe innerhalb Spaniens schon Autonomie Rechte hat. Katalanisch ist als Amtssprache in Katalonien anerkannt. Des Weiteren haben in Westen Spaniens die Katalanen volle demokratische Zustimmungsrecht. Die Katalanen sind an das spanische Verfassungsgericht gebunden und somit unterliegt das Völkerrecht.

Dies zeigt auch der mögliche Austritt Bayerns aus der Bundesrepublik. Rechtlich sei dies auch nicht möglich wie in der spanischen Verfassung. „Für Sezessionsbewegungen einzelner Länder ist unter dem Grundgesetz daher kein Raum. Sie Verstoßen gegen die Verfassungsmäßige Ordnung"[17].

4. Auswirkungen

Die Sezessionsbestrebungen Kataloniens sorgen nicht nur für Unruhe in der Region, sondern stellen die europäische Integration infrage. Des Weiteren wird in diesem Kapitel untersucht, zu welchen verheerenden Folgen das Referendum geführt hat.

4.1 Soziale Aspekte

Auch kurz vor dem geplanten Unabhängigkeitsreferendum Kataloniens stehen sich Madrid und die Regionalregierung in Barcelona zunehmend feindselig gegenüber. Im Oktober hat die spanische Polizei 30.09.2017 2,5 Millionen Stimmzettel für die Abstimmung am Sonntag beschlagnahmt. Es wurden außerdem vier Millionen Briefumschläge konfisziert. Die Feindseligkeit kommt zu einem auch, da die Katalanen für sich wirtschaften wollen[18]. Es wurden Großdemonstrationen gegen das Unabhängigkeitsreferendum unternommen. Massenhafte Unabhängigkeitsbefürworter demonstrieren gegen das Artikel 155 des spanischen Verfassungsgerichts. Insgesamt haben sich 4 Millionen Einwohner in Katalonien in den 6 letzten Demonstrationen verbündet gegen eine Abspaltung. Eine Demonstration führte zu einer Amtsenthebung der Parteien „Partido Popular" aufgrund eines Widerstandes für Einheit mit Spanien.

4.2 Wirtschaftliche Schäden

Durch die Konfliktbehaftete Lage kommt es zu einer gewissen Feindseligkeit zwischen Katalonien und Spanien. Diese Feindseligkeit bezieht sich auch auf mögliche wirtschaftliche Folgen. Spanien will sich hingegen nicht in eine wirtschaftliche Krise brechen. Die Katalanen sehen besseren als die Spanier. Es zeigt sich, dass Katalonien durch eine einseitige Unabhängigkeit von Spanien

---

[17] Bundesverfassungsgericht: Beschluss der 2. Kammer des Zweiten Senats vom 16. Dezember 2016.https://www.bundesverfassungsgericht.de/SharedDocs/Entscheidungen/DE/2016/12/rk2016121 6_2bvr034916.html, 16.12.2016, Zugriff am 24.04.2018
[18] vgl. Maihold, Günther: Eskalation und politische Optionen: Kataloniens Unabhängigkeit und Spaniens Einheit. (ohne Verlag) 2017, S. 134.

selbst erheblichen wirtschaftlichen Schaden nehmen würde. Katalonien ist ein großer Teil von Bedeutung der spanischen Wirtschaft und ist gerade dabei, diese zu verlieren, da scharenweise Unternehmenszentralen aus Katalonien abgezogen werden. Außerdem wird es „übersehen", dass Katalonien hoch verschuldet bei spanischen Banken ist und ohne deren Kredit Zuflüsse scheitern kann. Die Besorgnis vieler Wirtschaftsunternehmen, wegen Kataloniens möglicher Unabhängigkeit und auch des Ausscheidens aus der EU, könnte sich verwirklichen. Viele Großbanken unternehmen haben eine Woche nach dem Referendum ein Verlust von 9 Milliarden Euro verloren. Dies liegt zu einem an nicht an einheimischen Kunden weder noch an Katalonien. Es liegt an die bewusste Ablehnung des Unabhängigkeitsprozess. Katalanischen Kunden sorgen sich über die weiterhin Verfügbarkeit der Geldanlage nach einer wirtschaftlichen Abspaltung Kataloniens. Einem Aufruf katalanischer Aktivisten zum Boykott der Banken mit Aufforderung an katalanische Kunden, als Zeichen des Protests möglichst große Summen Bargeld bei den Banken abzuheben, wurde vereinzelt Folge geleistet und hat zudem die schwierige Situation begünstigt. Viele Veranstalter von großen internationalen Messen im Technologiesektor denken über eine Verlegung auf eine andere Stadt ab 2019 nach. Es wäre ein Verlust von 450 Millionen Euro Geschäftsvolumen. Die momentane Katalonien Krise hat für einen erheblichen Rückgang des Wirtschaftswachstums in Katalonien verursacht. Katalonien sei vom Rückgang von 0,4 – 0,5 Prozentpunkte und von 0,9 % auf 0,4 % im letzten Quartal 2017 verantwortlich (Feblermayr et al. 2017: 28). Die Katalonien-Krise hat in der Wirtschaft 1 Milliarde Euro gekostet. Katalonien ist wirtschaftlich sehr stark und damit verbunden würde Spanien seine wichtigste Industrieregion verlierern. Folglich müsste Katalonien aus der EU und dem Euro austreten. 2015 hatte Katalonien ein Bruttoinlandsprodukt von 204,2 Milliarden Euro. Dies wäre ein herber Verlust für Spanien. Spanien würde ein Sechstel seines gesamten Wirtschaftsantriebs verlieren. Ebenfalls ist dies ein großer Verlust, da keine andere Region in der EU eine starke Industrie wie Katalonien besitzt. Die Hälfte des Bruttoinlandsprodukt wird in dieser Sektor erarbeitet. Katalonien ist ein wesentlicher Export und Import Handel und damit zunehmend stärker als andere spanischen Provinzen. Auch Katalonien wies im Jahr mit 62 Milliarden Euro, den höchsten Export und Importwert von den gesamten spanischen Regionen auf. Katalonien nimmt der bewussten Außenorientierung in Spanien eine besondere Position ein. Spanien ist besonders abhängig von der katalanischen Wirtschaft[19]. Dazu kommt, dass die katalanische Wirtschaft Spanien einen Zugang zu bedeutsamen Märkten ermöglicht. Die Unabhängigkeit Kataloniens würde zu verheerende Folgen führen. Globale Produktion und Distributionsketten würden gestört werden. Denn die katalanische Wirtschaft würde die Vorteile aus der Integration in die spanische und europäische Arbeitsteilung zunächst verlieren und es bliebe angesichts der für die Wirtschaft fatalen Unsicherheit offen, wie schnell eine wirtschaftliche Stabilisierung stattfinden würde. Katalonien hat aus wirtschaftlicher

---

[19] Felbermayr, Gabriel: Zur politischen Ökonomie von Sezessionen. (o.V). 2017. (S. 25-29)

Sicht wenig Positives von der Abspaltung von Spanien zu erwarten, vor allem weil es als unabhängige Region zunächst nicht nur außerhalb der EU positioniert, sondern auch nicht mehr Mitglied in der Eurozone wäre.

4.3 Touristische Folgen

Die Unabhängigkeit Kataloniens führt zu ein Rückgang von Wirtschaftszahlen und auch der Tourismuszahlen. Für die Branche könnte dies ein Verlust von über eine Milliarde Euro bedeuten. Kataloniens Streit um die Unabhängigkeit hat massive Folgen in den Tourismuszahlen in der Region. Das Geschäft mit den Touristen ist in der ersten Oktoberhälfte um 15 Prozent gefallen. 20 Prozent niedriger als im Vorjahreszeitraum sind die Reservierungen für Hotels oder Transportmittel. Diese Negativentwicklung könnte einen Verlust von 1,2 Milliarden Euro verzeichnen. Der Tourismus ist sehr bedeutsam für Katalonien. Desgleichen ist der Tourismus ist ein wichtiger Faktor, der unter anderem zwölf Prozent zur Wirtschaftsleistung beiträgt. In der Tourismusbranche arbeiten in manchen Gebieten und Provinzen nur 400.000 Menschen. Im vergangenen Jahr hat Katalonien eine stetige Zunahme von 16 Millionen Reisende verzeichnet. Durch die Unabhängigkeitsbestrebungen der Region stehen Katalonien und spanische Regierung in einem weitgehenden Konflikt. Auch auf die gesamtwirtschaftliche Situation der gesamten Region könnte sich die Katalonien Krise auswirken[20]. Nach einer Korrektur von der Regierung in Madrid von 2,3 auf 2,0 Prozent des Wirtschaftswachstums, bedeutet dies eine Unsicherheit über die Zukunft Kataloniens.

4.4 Politische Auswirkungen

Zuvor wurde bei den wirtschaftlichen Auswirkungen, mögliche verbundenen politische Folgen angedeutet. Katalonien würde kein EU-Staat werden. Durch die Unabhängigkeit von Spanien würde Katalonien den EU-Status nicht mehr übernehmen. Dies hat zur Folge, dass der neue Staat sich um die Aufnahme in Gemeinschaft bewerben müsse, um von Vorteilen wie zum Beispiel vom Binnenmarkt zu profitieren. Jedoch würde dies nicht genehmigt werden. Alle bisherigen Mitglieder müssten einstimmig dafür stimmen. Spanien würde nach einer Abspaltung Kataloniens seine Stimme für dessen EU-Aufnahme nicht geben. Diese Auswirkungen würden sich bis nach Deutschland verzeichnen. Die produzierten Produkte in Katalonien müssen bei der Einfuhr in die EU mit Steuer belegt werden. Dies hat zur Folge, dass die Preise höher werden. Auch Touristen müssten wiederum ihr Geld wechseln. Durch die Mitgliedschaft in der EU würde Katalonien auch den Euro als Währung verlieren[21]. Hinzukommend hat dies zur Folge, dass Katalonien von den 18 Millionen ausländische Touristen einen gravierenden Verlust verzeichnen könnte, abgesehen

---

[20] Cremer, Ludwig-Michael: Logistik ändert die Richtung. DVV-Media Group, Mannheim 2017. (S. 7)
[21] vgl. Stoffels, Markus: EU Mitgliedschaft und Abspaltung. Nomos Universitätsschriften - Recht. 2017. (S. 114)

von der Wirtschaft. Durch die Spaltung von Spanien, würde Katalonien keine dauerhafte Chance haben sich beim EU-Binnenmarkt weiter zu beteiligen. Dies liegt daran, da eine katalanische EU-Mitgliedschaft nicht denkbar wäre.

5. Beantwortung der Forschungsfrage

„Inwieweit beeinflusst das Unabhängigkeitsreferendum Spaniens politisch-ökonomisch und gesellschaftlichen Situationen in Bezug auf den Zusammenhalt?"

Bisher wurden die Auswirkungen in Kapitel 4 ausführlich analysiert. In dem folgenden Kapitel werden die wichtigsten Gesichtspunkte zusammengefasst und die Forschungsfrage präzise beantwortet. Das Unabhängigkeitsreferendum beeinflusst Spaniens Situation in Bezug auf den Zusammenhalt weitgehend negativ. Aus ökonomischer Sicht schreckt Katalonien Anleger und Investoren aus Spanien zurück. Die politische und gesellschaftliche Situation ist ebenfalls negativ, da einige gespalten sind und diese kann sich auf den gesellschaftlichen Zusammenhalt auswirken. Ferner kann die Situation zu einer weiteren Spaltung in der EU führen. Somit wird deutlich, dass eine Abspaltung von Spaniens Abneigung beider Nationen sich nachteilig auswirken wird. Die gesellschaftliche Situation wird durch das Unabhängigkeitsreferendum beeinflusst. Es wird eine Spaltung in der Gesellschaft stattfinden durch unterschiedliche Meinungsbilder und Zusammenschweißung der Gesellschaft gegen die Opposition. In der ökonomischen Situationen würde durch eine mögliche Spaltung wenige Einnahmen verzeichnet werden. Denn Handelsabkommen gehen durch Unabhängigkeitsabkommen verloren. Auch an eine wirtschaftliche Freiheit ist dies zu begründen. Seit 2007 liegt Spanien einer Finanz und Wirtschaftskrise zugrunde. Das Unabhängigkeitsreferendum fordert dies nur. Katalonien wäre als unabhängiger Staat sowohl finanziell als auch Wirtschaftlich besser dastehen, als mit dem jetzigen Autonomiestatus. Ein großes Problem ist, dass die Regionen mehr Geld der Zentralregierung überweist als sie bekommt. Die Differenz betrug letztes Jahr mehr als 200 Milliarden Euro. Dies ist der Grund, warum Katalonien einer finanziellen Schwierigkeit zurzeit hat und sie sich unabhängig machen wollen. In der politischen Situation würde ein neuer Anfang stattfinden. Der neue Anfang in der Politik Anfangsphase würde neben Folgen wie EU Folgen, mit vielen Debatten und Abstimmungen verbunden sein. Außerdem würden neue Chancen für eine unabhängige Jugend geschaffen werden.

5.1 Zusammenfassung

Zusammenfassend lässt sich sagen, spitzt sich der Konflikt zwischen Katalonien und Spanien zu, die durch die Analysen der literarischen Quellen erkenntlich gemacht wurde. Katalonien ist davon die wirtschaftlich stärkste Region in Spanien. Wenn diese wegbrechen sollte, dann gäb es zunächst eine Wirtschaftskrise. Der Bruttoinlandsprodukt würde abfallen, Spanien wäre dadurch insgesamt geschwächt werden. Die Katalanen würden allerdings keine Vorteile daraus ziehen können, denn sie wären isoliert und würden durch Umsatzeinbußen, weniger Touristen einnehmen. Nationalistische katalanische Separatisten wollten die Unabhängigkeit von Spanien. Ursachen sind neben anachronistischen Nationalismus gepflegte traditionelle Animositäten und kurzsichtige ökonomische Vorteilannahmen. So führte die katalanische Regionalregierung ein Unabhängigkeitsreferendum durch, an dem sich bei einer Wahlbeteiligung von 42 % über 90 für diese Unabhängigkeit aussprachen.[22] Nun sieht aber weder die spanische Verfassung noch das Völkerrecht ein bedingungsloses Recht nationaler Minderheiten vor, sich vom Zentralstaat gegen dessen Willen abzuspalten. Die spanische Regierung vertritt also lediglich einen rechtsstaatlichen Standpunkt, wenn sie gegen die Abspaltung auftritt[23]. Die Mehrheit der katalanischen Bevölkerung ist gegen eine Abspaltung. Bei den für Dezember vorgesehenen Neuwahlen zum katalanischen Parlament haben die Separatisten die absolute Mehrheit deutlich verfehlt. Sie lag bei 42–43 %. Auch das Ergebnis wird wohl eindeutig Richtung Trennung von Spanien ausschlagen. Der Konflikt zwischen Katalonien und Spanien ist aufgrund der Sezession Forderung Kataloniens zugespitzt. Durch eine Abspaltung befürchten viele aufkommende Probleme. Es könnte zum Rückschritt in die Kleinstaaterei kommen. Die Nation wäre zutiefst zerstört und zerrissen. Zudem könnte der Verlust der Wirtschaftsstarken Region zum verbüßt der Industriellen Stärke führen, wodurch eine nächste Wirtschaftskrise ausgelöst werden könnte. Es herrscht weiterhin Unklarheit über die Teilung der Nationen. In gleicher weise hat die Abstimmung Prozesse in Gang gesetzt und Verhaltensänderungen bewirkt. Diese zeigt sich bei den Touristenzahlen mit einem stetigen Abgang in der Wirtschaft. Des Weiteren wird erkenntlich, dass die Interessen der katalanischen Mitbürger missbraucht wurden, jedoch keine andere Wahl haben und an das spanische Verfassungsgericht gebunden sind. Dies hat auch mit einem in der spanischen Verfassung angelegten Spannungsverhältnis zu tun. Der Artikel 2 sieht sowohl die „unauflösliche Einheit der Nation" als auch das Recht auf Autonomie der „Nationalitäten" und „Region" vor ohne beide Begriffe zu definieren. Dass sich viele Katalanen und Basken einer eigenen „Nation" und nicht „Nationalität" zugehörig fühlen, hat den Konflikt zwischen Einheitsstaat und Regionen verstärkt (vgl. Stoffels 2017: 98). Ein unabhängiges Katalonien ist besser als eines, das zu Spanien gehört. Davon sind immer mehr Katalanen überzeugt. Weder die spanische Verfassung noch das Völkerrecht kennen ein „Recht auf Sezession". Der katalanische Nationalismus setzt sich kontrastarm über Rechtsstaatsprinzipien und rechtsstaatliche Urteile hinweg.

---

[22] vgl. Felbermayr, Gabriel: Zur politischen Ökonomie von Sezessionen. (ohne Verlag), München 2017. (S. 25-29)
[23] vgl. Felbermayr, Gabriel: Zur politischen Ökonomie von Sezessionen. (ohne Verlag), München 2017. (S. 25-29)

5.2 Fazit

Es wird davon ausgegangen, dass Katalonien versucht ihre eigenen Interessen durchzusetzen und ihre Selbstbestimmung hervorzubringen. Übrigens sind Experten der Ansicht, dass eine Separation aus Spanien Auswirkungen irreparable Schäden in Gang setzen wird.

Der Autor Markus Stoffels[24] bezieht auf, die Auswirkungen die stattfinden könnten. Deshalb wird deutlich, die Unabhängigkeit Katalonien könnte zu einem Dominoeffekt und zum Zerfall Spaniens führen. Stoffels beschreibt, dass ein großer Teil der Mitbürger Kataloniens ethnische Spanier sind. Daher wurde nach meiner Ansicht diese Mitbürger zu einem eine ethnisch definierte Sezession abschrecken. Folgend, würde diese Abspaltung Katalonien in die Rezession stürzen. Wie bereits erwähnt in den vorherigen Kapiteln, droht der Konflikt um die Autonomie aufgrund historischer Kontinuitäten und des Fehlens einer gesellschaftlichen Aufarbeitung weiter zu eskalieren. Außerdem bin ich der Ansicht, dass die katalanische Unabhängigkeitsbewegung für sich das Selbstbestimmungsrecht der eigenen Nation in Anspruch nimmt. Zumal ist bis heute das Verhältnis zwischen dem spanischen Zentralstaat und Katalonien konfliktbehaftet. Wie bereits im Kapitel 4 erläutert, würde das Unabhängigkeitsreferendum zu verheerende Folgen noch weiter sich zu verschärfen. Deshalb schließe ich daraus, da die Katalonien Krise seit 4 Jahren besteht, es in den nächsten 1–2 Jahren nicht zu einer Lösung aufgrund der enormen Defizite beider Regionen kommen kann. Dabei bezieht sich Gabriel Felbermayr[25] auf die katalanische Unabhängigkeit Resolution. Laut dieser Resolution soll die Abspaltung innerhalb 18 Monaten bis 2018 länger andauern. Aufgrund der Feindseligkeit beider Nationen schließe ich aus, dass eine Konfliktpartei sich der anderen zufügt und einen strukturierten Kompromiss finden. Politisch ist die Trennung zum Scheitern verurteilt, da eine Trennung von Katalonien mit einem dauerhaften Ausscheiden aus der EU verbunden wäre.

Meiner Ansicht nach ist der Wille der Bevölkerung, dass Katalonien einen eigenen Staat gründet immens groß und durch die Ablehnung des Referendums vonseiten der Zentralregierung in Madrid ist die Mobilisierung der Katalanen noch etwas stärker geworden. Weiterhin finde ich, dass die spanische Regierung, gerade in Betracht der Unruhen in Katalonien, den Katalanen und ihren Forderungen entgegenkommen sollte. Auch da Katalonien ein bedeutsamer Wirtschaftsfaktor ist. Des weiteren, da Katalonien viele Transferzahlungen an Spanien zeigt. Ein Lösungsansatz wäre, dass man den Mitbürgern in ihrem Empfinden der Ungerechtigkeit ein Kompromiss vorschlagen sollte. Kataloniens bestreben besteht hauptsächlich aus den Transfersummen, die sie an Spanien zahlen müssen. Dadurch könnte nach meiner Ansicht die katalanischen Mitbürger in Spanien bleiben, aber mit dem Versprechen, dass die Ausgleichszahlungen reduziert werden.

---

[24] Stoffels, Markus: EU Mitgliedschaft und Abspaltung. Nomos Universitätsschriften - Recht, München 2017.

[25] Felbermayr, Gabriel: Zur politischen Ökonomie von Sezessionen. (ohne Verlag), München 2017. (S. 25-29)

Meiner Meinung nach sind die Zweifel vom ehemaligen katalanischen Präsident des Generalrates nachvollziehbar. Er „kämpft" für die Demokratie. Und eine Demokratie beinhaltet, egal in welcher Verfassung etwas anders steht, das Recht der Selbstbestimmung vom Volk und jedem Individuum. Sie ist zur Stabilität und dem Schutz der Minderheit an Gesetze, insbesondere die Verfassung gebunden. Es liegt klar auf der Hand, dass kein Staatschef jemals einer Abspaltung freiwillig zustimmen wird, weshalb die EU auch keine Separation zulässt. Die Mehrheit in Katalonien strebt nach mehr Autonomie, insbesondere im Gebiet Steuern und Finanzen, jedoch möchte gleichzeitig die Mehrheit ein Teil Spaniens bleiben. Das Verhalten von der Zentralregierung ist sehr diktatorisch. Es finden sehr viele geheime Wahlen statt. Hierbei werden auch alle daran leiden vor allem, die die sich gegen eine Abspaltung stark gemacht haben. Die Menschen werden persönlich nicht mit in die Bestimmung eingezogen. Dies ist aus diesem Grund ein diktatorisches Verhalten von der Zentralregierung.

Primärliteratur
-Cremer, L: Logistik ändert die Richtung. DVV-Media Group, Mannheim 2017. (S.7)
-Felbermayr, Gabriel: Zur politischen Ökonomie von Sezessionen. (ohne Verlag), München 2017. (S. 25-29)
-Maaß, Gero: Katalonien Von der Unabhängigkeitsillusion zur Zwangsverwaltung. Ifo Schnelldienst, München 2017. (S. 15-18)
-Stoffels, Markus: EU Mitgliedschaft und Abspaltung. Nomos Universitätsschriften - Recht, München 2017. (S. 93-98, 52, 74)
-Ubben, Eike: Separatismus in der Europäischen Union am Beispiel von Schottland oder Katalonien. Technische Universität Carolo-Wilhelmina, Braunschweig 2013. (S. 4-5)

Sekundärliteratur
-Maihold, Günther: Eskalation und politische Optionen. Kataloniens Unabhängigkeit und Spaniens Einheit. (ohne Verlag) 2017, S. 134.
-Mense, Thorsten: Nationalismus als Ideologie ethnischer Identifikation. peripherer Nationalismus und nationale Befreiungsbewegungen in Spanien. Leibniz Universität Hannover 2014, S. 232-233.
-Wendland, Kirsten: Spanien auf dem Weg zum Bundesstaat?. Entstehung und Entwicklung der Autonomen Gemeinschaften. Nomos-Verl.-Ges, Baden-Baden 1998, S. 122-129.

Internetquellen
-Bundesverfassungsgericht: Beschluss der 2. Kammer des Zweiten Senats vom 16. Dezember 2016.
https://www.bundesverfassungsgericht.de/SharedDocs/Entscheidungen/DE/2016/12/rk2016121 6_2bvr034916.html, 16.12.2016, Zugriff am 24.04.2018

BEI GRIN MACHT SICH IHR WISSEN BEZAHLT

- Wir veröffentlichen Ihre Hausarbeit,
  Bachelor- und Masterarbeit

- Ihr eigenes eBook und Buch -
  weltweit in allen wichtigen Shops

- Verdienen Sie an jedem Verkauf

Jetzt bei www.GRIN.com hochladen
und kostenlos publizieren